U0100364

大展好書　好書大展
品嘗好書　冠群可期

大展好書　好書大展
品嘗好書　冠群可期

「武術健身方法」評審領導小組

組　長：王玉龍
副組長：楊戰旗　　李小傑　　郝懷木
成　員：樊　義　　杜良智　　陳惠良

「武術健身方法」評審委員會

主　任：康戈武
副主任：江百龍
委　員：虞定海　　楊柏龍　　郝懷木

「武術健身方法」創編者

《九 式 太 極 操》　張旭光
《天罡拳十二式》　馬志富
《形 意 強 身 功》　林建華
《太 極 藤 球 功》　劉德榮
《雙 人 太 極 球》　于　海
《五 形 動 法》　王安平
《流 星 健 身 球》　謝志奎
《龜鶴拳養生操》　張鴻俊

序　言
為「全民健身與奧運同行」主題活動增光添彩

國家體育總局武術運動管理中心主任　王筱麟

　　當前，恰逢國家體育總局宣導在全國開展「全民健身與奧運同行」主題系列活動，喜迎 2008 年北京奧運會之機，《武術健身方法叢書》的面世具有特殊意義，可慶可賀。

　　這套叢書推出的龜鶴拳養生操、天罡拳十二式、太極藤球功、流星健身球、五形動法、九式太極操、雙人太極球、形意強身功八個武術健身方法，是國家體育總局武術運動管理中心依據國家體育總局體武字〔2002〕256 號《關於在全國徵集武術健身方法的通知》精神，成立了評審工作領導小組，同時聘請有關專家組成評審委員會，對廣泛徵集起來的申報材料，按照所選方法必須具備科學性、健身性、群眾性及觀賞性的原則，認認真真地評選出來的。

　　這中間嚴格按照「堅持優選、寧缺勿濫」的要求，經歷了粗篩、初評、面向社會展示、徵求意見、修改、完善、終審等多個階段的審核。

　　現奉獻給社會的這八個武術健身方法，既飽含著原創編者們的辛勞，也凝結有相關專家、學者及許多

觀眾的智慧。可以說，是有關領導和眾多名人志士的心血澆灌培育起來的八朵鮮花。

2004年10月，這八個方法首次在鄭州第1屆國際傳統武術節上亮相，初展其姿就贏得了與會62個國家和地區代表們的一致喝彩，紛紛稱讚說觀賞其表演是一種藝術享受。一些代表還建議將這些健身方法推廣到全國乃至世界各地。2005年8月8日，這八個方法還被國家體育總局授予「全國優秀全民健身項目一等獎」。

國際奧會批准武術這個項目在2008年北京奧運會期間舉行比賽，這是武術進軍奧運歷程中的一座極其重要的里程碑，是值得全世界武林同仁熱烈慶賀的盛事。

最近，國家體育總局劉鵬局長在全國群眾體育工作會議上的講話指出：「廣泛組織開展『全民健身與奧運同行』主題活動，可以最大限度地激發人民群眾參加健身的熱情，並使這種熱情與迎接奧運的激情緊密結合，形成在籌備奧運過程中體育健兒緊張備戰、人民群眾積極熱身的良性互動局面。」對武術工作而言，我們在這一大好形勢下，一方面要紮紮實實做好國家武術代表隊的集訓工作，積極備戰，爭取「北京2008武術比賽」的優異成績，爲國爭光；另一方面要採取各種形式把全國億萬民眾吸引到武術健身的熱潮中，向世人展示作爲武術發源地的中國確實是武術泱泱大國的光輝形象。兩者相輔相成，相得益彰，共同爲武術走向世界、造福人類作貢獻。

　　我們隆重推出這八個武術健身方法，對於後者是可以大有裨益的。我們將配合出版發行相關書籍、音像製品等，舉辦教練員、裁判員、運動員培訓班，組織全國性乃至國際性的武術健身方法比賽等活動，努力為「全民健身與奧運同行」主題系列活動增光添彩。

創編者簡介

　　張旭光，1963 年出生於北京市。1985 年畢業於北京體育大學。對外經濟貿易大學副教授，九三學社社員，中國體育科學學會會員。現任對外經濟貿易大學體育部副主任、對外經濟貿易大學「立德」武術研究中心主任、中國大學生體育協會民族傳統體育分會常務理事、北京武術理論文史研究會研究員兼副秘書長。

　　曾榮獲「清華紫光杯」全國高教系統太極拳邀請賽孫式太極拳第一名、「第二屆香港國際武術大獎賽」形意順勢連環劍金牌。

　　所指導的學生累計獲得各類武術賽事獎勵及名次一百餘項。曾任首屆世界太極修煉大會培訓部主任；任北京市外籍聯隊領隊和總教練，率隊參加首屆舟山中國國際武術節並獲多枚獎牌；以特邀嘉賓身份做客中央電視臺，談「太極拳走向世界」。

　　所創編的九式太極操被國家體育總局評爲「全國優秀全民健身項目一等獎」，並被特邀參加首屆世界傳統武術節武術健身方法展示，還獲得了第二屆世界傳統武術節「武術集體項目二等獎」。在 2007 年香港回歸中國 10 周年之際，九式太極操又獲香港國際武術大獎賽「新編太極健身功法項目金獎」。

　　曾參加《大學教授談太極拳》的編寫工作並任該書編委，有多篇學術論文在全國高水準論文報告會上獲獎並發表在核心期刊上。

目　　錄

一、九式太極操創編的背景 …………………………… 13

二、九式太極操的主要特點 …………………………… 15

三、九式太極操的鍛鍊功效 …………………………… 17

四、九式太極操的習練要領 …………………………… 19

五、習練九式太極操的注意事項 ……………………… 21

六、九式太極操動作圖解 ……………………………… 22

　　（一）動作名稱 ……………………………………… 22
　　（二）動作圖解 ……………………………………… 23

附錄　國家體育總局關於在全國徵集武術健身
　　　方法的通知 ……………………………………… 135

一、九式太極操創編的背景

　　九式太極操是以靜為主、以動為輔的新型太極內功基礎修煉方法，動作簡單，易學易練，於身形架勢的開合動轉和神意的靜定與舒放之間呈現出太極健身所特有的整體和諧之美。

　　其編創理念突出太極健身所帶給人的舒展圓活、中正安舒的精神氣質與神韻，以勻緩連貫、自然順勢如行雲流水般的特有運動節律，促進人體周身氣血的運行與暢達，提高身心的自我調節與修復能力，有效地減緩現代社會的精神壓力，使練習者體會到太極健身的真實意蘊，回歸鬆靜自然之態，達到天人合一的境界。

　　在流行的現代武術健身方法中，最為常見的是武術套路練習。武術套路變化繁雜且難度較大，既不易於廣泛推廣，又容易導致練習者過於著重動作的表面形式，使練習者忽略對武術修心作用的深入理解。而被眾多傳統武術流派所推崇的內功養生修煉方法，如站樁等功法練習，在實際傳播中常常因為外形動作變化的單一和教學方法的保守，令初學者感覺枯燥乏味，從而失去了繼續學練的興趣，錯失了運用傳統武術健身的良好機會。

　　為了能在當前生活節奏日漸加快、生活壓力日趨加重的社會環境中，更廣泛地發揮傳統武術內功修煉特有的健身養生和緩解身心壓力的作用，讓更多的人儘快感受到武

術運動的樂趣與魅力，真實體驗到練拳時身心和諧一致、
恬然忘我的境界，達到快速健身、調心和減緩壓力的效
果，我們透過對前人內修功法的提煉與變通，經過多年武
術教學的實踐與研究，在國家體育總局武術運動管理中心
的直接指導下，總結創編了這套普及性強、適用面廣的新
型武術健身方法──九式太極操。

實踐證明，九式太極操作為一種新型太極健身項目，
拓展和豐富了社會化大眾武術健身的內容，將傳統武術中
的太極內功修煉和現代體操的練習形式相結合，既適用於
不同群體和個人學練，也適合大面積推廣和普及。對廣大
青少年太極健身的掃盲工作以及為現代白領階層提供效果
顯著的武術健身方法都大有裨益，是緩解現代社會高壓力
人群亞健康狀態的良好運動方法。

二、九式太極操的主要特點

　　九式太極操遵循太極健身原理，以暢通氣血、體察虛實、舒展身心、活躍神意、培補元氣為主要追求方向，既有普通體操動作簡單、路線清晰、結構合理、易於群體學練的特點，又具有順勢自然、弧線運動、呼吸與動作相結合、勻緩連貫、勁力流暢和安神養元的傳統太極內功修煉的特徵。

　　練習時動作自然連貫、綿綿不斷、循環往復，強調內在的感受與體驗，而不是外在形體的高難奇異。注重動作、神意與勁力的舒放，高度體現中正安舒、自然鬆靜、內外和諧的精神狀態，特別適合現代社會高壓力生活狀態下的人學練，符合全民健身所賦予的時代要求。

　　九式太極操的九個式子動作簡樸、開合自如、舒展大方、動中寓靜、靜中寓動、宜靜宜動、動轉自然，強調由動靜變化所帶來的神意收放、能量運轉、內外虛實及重心變換等要領，是一種使人直接進入空靜圓活、動轉自如、精神暢達的太極意境的有效途徑和方法。

　　九式太極操多以雙手在胸前抱球為式與式之間的連接動作，可以根據練習者的個人喜好、身體狀態、運動水準和練習環境，適當改變動作節奏與順序變化，以增加練習效果和興趣。

　　例如，將定式時間適當延長則可成為傳統拳術內功修

煉的站樁練習，高水準的練習者還可以改變動作方向或順勢穿插一些自己喜愛的動作和變化。

　　九式太極操主體設計目標主要包括兩個層面：靜中求動，動中求靜，經由內煉養生，再入動靜變化，緩解練習者身體和精神的緊張，以達到身心和諧、神意舒暢的狀態。

　　1. 以定式靜力練習為主要目標的靜中求動的太極築基換力練習。靜中求動的靜是指形體不動、意念不亂，動是指元氣的萌動。靜中求動，就是以入靜的手段達到元氣充足的目的，是靜到極靜後的自然釋放，其健身原理與功效近似傳統武術內功訓練中的站樁靜練。

　　2. 以身形勁力變換練習為主要目標的動中求靜的太極神意與身法練習。動中求靜的動是指身形步法動作的變換，靜是指神態恬然、氣息平和。動中求靜，就是以鬆靜緩慢的動作達到神態恬然、氣息平和的狀態。在這種狀態下，元氣與心意、精神與形體協調統一，以內勁和神意的變化帶動身形和步法的變換，其健身原理與功效類似傳統武術中的內功導引訓練。

三、九式太極操的鍛鍊功效

九式太極操是一種周身氣血運行、意識與肢體高度配合的運動形式，由意識與肢體的高度配合，內固精神，外示安逸，對身心的整體優化具有良好效果。由緩慢的呼吸調理全身肌肉，有效地使呼吸深、長、細、勻，使練習者快速進入練習的最佳意境，對呼吸的平和穩定、肢體的協調控制和平衡感有較好效果。

九式太極操能在簡約的動作之中體現太極健身的整體運動法則，由靜練養生，再入動靜變化，以至空靈妙用，動中得靜，靜中得定，有助於練習者體悟太極健身中鬆靜自然的精髓與奧妙，為進一步深入學習太極拳增加興趣和信心，並可提高太極築基換力、養元安神的功夫層次，使人體逐漸恢復到輕鬆安靜、精神愉悅的身心狀態。

其動可以瀉實，靜可以補養，讓練習者充分感受氣血勁力的循環，加快進入太極健身的真實意境，使身體各部機能得到更為徹底的調整，儘快脫離緊張煩躁，逐漸恢復到輕鬆安靜、精神愉悅的身心狀態，更好地適應自然與社會環境的變化，是提高和恢復人體工作能力的有效方法。

依據「法於自然、陰陽平衡、動靜相宜、身心合一」的太極運動規律，練習九式太極操可於動靜、開合間逐漸加深、加長呼吸，集中精神，將精神貫穿於呼吸與動作的和諧中，較快地調動、導引人體元氣，疏通經絡。由動作

開合和神意收放,充分調理呼吸,增大肺活量,使內勁渾厚飽滿;由左右動轉、放鬆尾閭,充分調整全身,收提能量;由太極圓弧動作,在開合、進退間令周身通暢;由手臂的螺旋纏繞、鬆腰鬆胯和以腰帶動身體肢節的運轉,提高人體的協調性和靈活性,穩固下盤;由鬆靜自然與順勢利導,將身體的緊張與壓力交與大地,有效地緩解肢體的緊張和疲倦,使人放鬆精神,回歸自我。

九式太極操可充分達到太極健身在動作形式上的慢練效果,更好地體現太極拳健身原理,讓練習者在簡單的動作練習中體味太極健身靜中寓動、動中寓靜的美妙意境,體驗神意回歸後舒展的氣勢和通透的呼吸,喚醒人固有的自身修復潛能,使身體由僵緊變鬆活,使氣運由憋悶到順暢,調整到每個人的最佳狀態,達到人體的動態平衡。

九式太極操以養生健體為根本目標,主張先修內再修外,注重太極修煉對人的心理情緒的調節和心境狀態的調整,突出太極健身的真實意蘊與身心整體運動原則,強調鬆靜自然、變化自如,既可自成體系按序練習,又可根據身體狀態和功夫水準隨意變化,使初習者也能較快地體驗到太極的韻味與樂趣。

九式太極操亦可作為在從事各項緊張事務前心理減壓和情緒調整的輔助手段,也可作為劇烈運動後的全身有氧調整練習。

四、九式太極操的習練要領

　　九式太極操除注重強身健體、袪病延年的保健功能外，還特別強調精神的拓展和心靈境界等內在功夫的提升。練習時應以身形中正安舒、動作柔和舒展、用意不用力、順勢連貫為指導方針，每一式都應注重身內感受與呼吸、神意的配合，目的是結合動作蓄運內氣，舒筋活絡，愉悅身心，調整狀態。

　　無論是定式練習或是動式練習，都應做到周身放鬆、不用僵力、心境平和、不急不躁，使身心處於自然祥和的狀態中。只有動靜和諧、很好地把握神意與真氣的運用，才能真正體會周身各部位鬆與緊的變化感覺，根據動作意守全身相應部位，使身心內外得以調整和放鬆。

　　九式太極操特別強調呼吸與外形動作的緊密配合，在動式練習時保持身體不偏不倚、中正安舒，思想意念平靜自由，不為身體外在動作所干擾。動中寓靜，即以自身作為小宇宙，體察微妙的、平衡的「靜」；再由體內萌發的自然之動，催動肢體大開大合，即靜中寓動。此「動」為靜極而動的順勢而動，是均勻的、平衡的、精神高度放鬆的「動」。然後再求陰陽虛實之細微轉化，內氣自生，氣運自如，達到身心的和諧狀態。

　　練習時要特別注意：①胸部和心臟的放鬆，身體切忌緊張僵硬；②上體保持正直，頭正目平，下頜微收，虛領

頂勁，兩腋宜空勿夾緊，肘部自然放鬆；③兩腿膝、胯外撐，全身經絡疏通；④呼吸要求深、長、細、勻；⑤握拳、開掌等動作的開合要隨呼吸同步進行，並配合動作調息，意識貫注於丹田；⑥以神意體察周身各部，使身形中正舒展，保持全身放鬆、舒適自然、挺拔伸展之姿。

九式太極操動作路線皆呈弧形，應注重以意領先以及梢節的運轉，達到神意遠放的意境。切忌用力過於強勁，性急則易致氣滯而不通。同時，要把握總體練習原則，即鬆靜自然、柔整連貫、順勢變化。鬆是指精神放鬆不緊張，意念放鬆不執著，肌體放鬆不僵滯；靜是指心中平靜不躁亂；柔是指動作柔緩，舒展飄逸，不用拙力；整是指心、意、氣、身、手、足一動俱動，一靜俱靜；順是指要順乎動作變化的內在規律。

其他部位要求做到豎項、齒叩、舌頂、垂肩、鬆膝、鬆腰。

豎項：下頷微向後收，不可用力，百會與會陰兩穴的連線與地面垂直。

齒叩：牙齒輕叩，口唇輕閉，舌抵上腭，面部放鬆。

舌頂：舌尖自然抵住齦交穴內側，增加津液，接通任督二脈。

垂肩：鬆肩，胸部放鬆，氣沉丹田。

鬆膝：膝不可用力直挺，略有前屈之意。

鬆腰：隨舌頂、肩垂、膝鬆及臀部略有下坐之意，腰部自然鬆弛下來。

五、習練九式太極操的注意事項

練習者要注意以下五點：

1. 九式太極操練習時，動作要走弧線並順勢而行，周身上下和諧一致，忌直來直去，動作僵緊。否則，得不到九式太極操特有的圓活趣味和順勢而變、動轉自如的深層功夫。

2. 九式太極操的奧妙是調整鬆靜自然的身心狀態，由練習體認周身上下陰陽虛實的運化，達到身體內外的高度平衡，要求練悟結合、身心並進。

3. 要注意運動量的掌握，循序漸進，每次練習一定要留有餘興，勿急於求成，全套九式練習應以不少於連續三遍為宜。也可視個人的體力、興趣和練功的時間長短，選練九式太極操其中一式或幾式，練習數遍。

4. 應注意對練習環境和周圍氣氛的選擇，使身心愉悅，易於沉靜。在每次練習時都要精神集中、心神合一、周身放鬆、自然合度。

5. 著裝宜寬鬆，尤其是褲子、鞋、襪以舒適為要，便於做下蹲、旋轉等動作。

六、九式太極操動作圖解

（一）動作名稱

第一式　無極式
第二式　開步下按式
第三式　抱球開合式
第四式　左右動轉式
第五式　全身調理式
第六式　手捧蓮花式
第七式　螺旋纏繞式
第八式　安神養元式
第九式　鬆心減負式

圖 1

（二）動作圖解

第一式　無極式

預備勢　併步直立

　　兩腳併攏，重心落於全腳掌，腳趾微微扣地，空出足底湧泉穴；兩臂自然下垂，手心向內；目光平視，全身放鬆。（圖1）

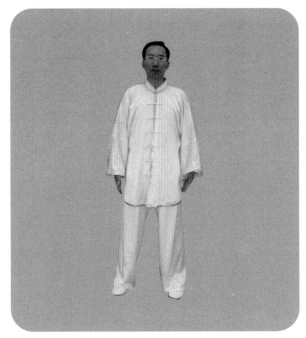

圖 2

起　勢　開步直立

　　左腳腳跟、腳尖依次輕輕提起，向左橫開半步，點起點落，由腳尖至腳跟緩緩踩實，與肩同寬，重心隨之移至兩腿之間；兩臂自然垂於體側，成開步直立。（圖 2）

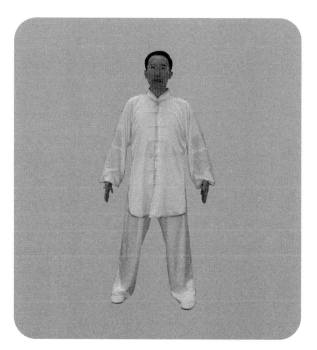

圖 3

1. 靜立調息

保持開步直立姿勢，雙手自然開於體側；在鬆靜自然的基礎上調整呼吸，逐漸使呼吸深、長、細、勻；胸、背和身形自然舒展，頭頸放鬆，精神舒暢。（圖 3）

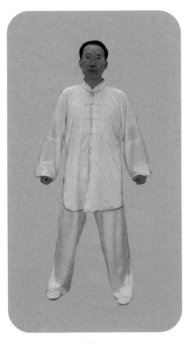 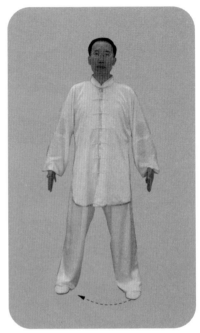

圖 4 　　　　　　　　　　　圖 5

2. 握拳舒掌

　　鬆肩、鬆肘、鬆手，臂、指向下依次延展，雙手緩緩
做握拳、舒掌動作，將肩、臂之力徐徐傳遞到雙手；同
時，下頜微收，頭頂自然向上領起，身體呈鬆靜挺拔之
態。（圖4、圖5）

　　如此重複做握拳、舒掌動作兩次，要求手指充分舒展
和回握自然。

圖 6

3. 併步收勢

左腳輕輕提起，收至右腳旁，兩腳併攏，腳尖向前；身體自然直立，目視前方；精神內守，呼吸均勻平穩，保持放鬆入靜狀態。（圖6）

【要領】

雙手做握拳、舒掌動作時，呼吸要相應配合，自然調整呼吸，並將意念集中在頸肩、兩臂與兩手上。由手部的

動作和呼吸的調整,將肩、背、胸部和腰部的緊張和壓力逐漸放於腳下,腳趾自然扣地。同時,下頜微收,頭向上頂,全身挺拔舒展、輕鬆舒適。

練習時要牙齒輕叩,口唇輕閉,舌尖輕抵上腭,排除雜念,意存丹田,呼吸自然,氣定神閑。在放鬆入靜的基礎上,神意遠放,精神回收,要有「頂天立地、中正安舒、挺拔舒展」和「山崩於前而不驚,虎隨於後而不恐」之神態與氣勢。

【功用】

無極式是學好練好九式太極操的基礎。依照拳術內功的基本要求,只有經過凝神聚氣、由鬆入靜、由靜至定的過程,才能使身心沉靜下來,不斷感受和體悟練習時周身所產生的意氣運行及勁力變化規律,達到中正安舒、神態端莊、意境虛無、鬆空挺拔、全身貫通、形神舒放和靜極生動的良好狀態,為練好以下各式做準備。

圖 7

第二式 開步下按式

預備勢 併步直立

動作同無極式預備勢。（圖 7）

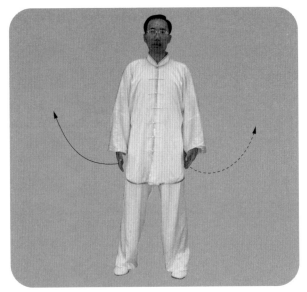

圖 8

起 勢 開步直立

動作同無極式起勢。（圖 8）

1. 旋腕按掌

雙手略微後引外旋，拇指向上引領雙手至與腰同高，然後，手臂環腰際向前、向內迴旋，按於胯側；同時，屈膝坐胯，雙手輕輕下按，手指舒展，狀似按球。（圖 9、圖 10）

圖 9

圖 10

圖 11

2. 沉身按掌

沉身下坐，斂臀鬆腰；雙掌繼續向下沉按，上身仍保持中正挺拔；稍停片刻，鬆肩鬆腰，借雙掌下按之勢直立起身，兩臂自然伸直並垂於體側。（圖 11）

雙手再次後引外旋，拇指向上挑領，環腰際向前、向內做弧形旋腕按掌和沉身按掌動作，至直立起身。

圖 12

3. 併步收勢

動作同無極式併步收勢。（圖 12）

【要 領】

做旋腕按掌動作時，要注意上半身的放鬆與挺拔，隨著雙腿自然下蹲，意和氣要隨之分別達於雙掌掌心、手指和指尖。假想雙手按在兩個漂浮於水中的肥皂泡上，既不將肥皂泡按破，又不讓肥皂泡離開水面。

做沉身按掌動作時，要求斂臀坐胯，尾閭放鬆，兩腿順勢下蹲，膝不過腳尖。意想將身體負擔及壓力漸漸移於兩腿及腳下，使兩腳湧泉穴與大地相接並有入地三尺的感覺；待身形穩定之後，意想將多餘的身體負擔及壓力移至兩手所按假想的肥皂泡上，神意慢慢貫注於其上，並使其有托起全身之意。

【功用】

開步下按式可使身體重心壓於兩腿與雙腳，自然達到身體上鬆下緊的狀態，提高膝、踝關節的柔韌性和下肢的承受能力。久練可使尾閭、腰胯及膝部放鬆，下肢力量明顯增強，達到鬆心降氣、放鬆臟腑、穩固下盤之目的，全身自然生成蹬地拔起之勢，增強手掌和身體對勁力變化的敏感度，培養練習者借勢用勁的意識和能力。

圖 13

第三式　抱球開合式

預備勢　併步直立

動作同無極式預備勢。（圖 13）

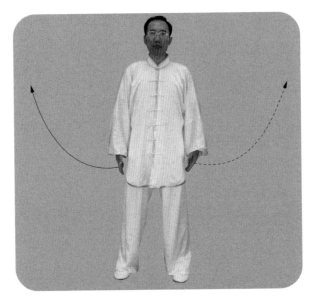

圖 14

起　勢　開步直立

動作同無極式起勢。（圖 14）

1. 屈膝抱球

　　兩臂外旋，兩手虎口張開，拇指向上，經由身體兩側向上挑領，至與肩同高時手臂自然遠伸，手心向前，手指舒展；然後，沉肩墜肘，兩掌向前、向內合抱於胸前，順勢沉身下蹲，成屈膝抱球狀。（圖 15、圖 16）

圖 15

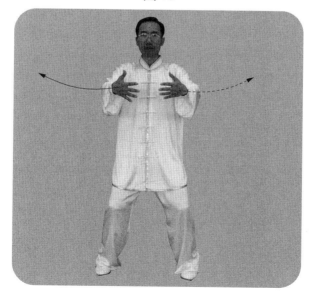

圖 16

圖 17

2. 抱球開合

　　開：兩臂自然撐圓並向前弧形掤出，然後，雙手隨勢向身體兩側平展拉開至與肩平，肩、肘略微下沉；同時，兩腿向上蹬伸，身體直立挺拔。（圖 17）

圖 18

　　合：沉肩墜肘，兩臂自然向前、向內回抱於胸前；同時，身體下蹲，成屈膝抱球狀。（圖 18）

　　如此反覆抱球開合兩次，還原成屈膝抱球狀。

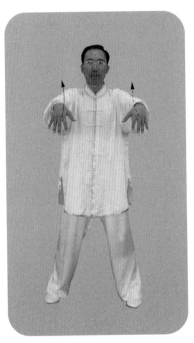
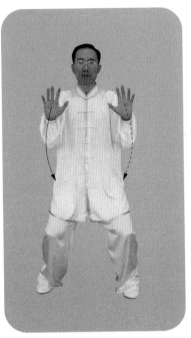

圖 19   圖 20

3. 抱球收勢

兩腿向上蹬伸，直立起身；同時，兩掌和兩臂緩緩內旋並向前上方掤舉，上領至與肩同高時，沉肩墜肘，坐腕舒指；同時，蹲身下坐。然後，兩掌按至腰際，借按掌之勢順勢起身，成開步直立狀，併步收勢。（圖 19—圖 22）

【要領】

做屈膝抱球動作時，要注意鬆肩、鬆臂、鬆肘、鬆

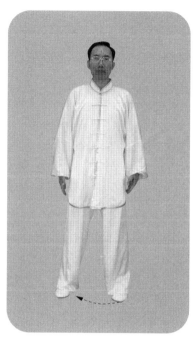

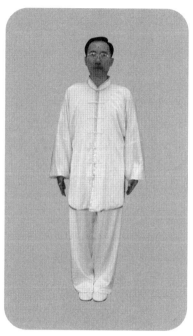

圖 21 圖 22

胸，應將神意貫注於兩手中間，其意如抱一薄薄之氣球，若稍加用力便被擠破，不用力即飛走。身形要有支撐八面之意，意守丹田和兩手的勞宮穴。在屈腿下蹲時，鬆腰斂臀，裹膝坐胯，膝不過腳尖，周身中正。腿部的彎曲角度可根據練習者的具體情況來調整。

做抱球開合動作時，要用意不用力，兩肩、兩臂不可僵硬緊張。精神集中在所抱之球上，待雙手逐漸發熱有抱球感後，意想所抱之球逐漸膨脹，雙手既不能擠也不能壓，逐漸外擴，儘量使手臂撐開撐圓，保持動作均勻、舒

緩連貫和自然順勢。兩手用意念向兩側遠拉至充分伸展後，沉身坐胯，兩手自然順勢向胸前回抱，凝神聚氣於丹田。

目光應隨動作之勢或凝神回視或極目遠放，呼吸要自然配合，神意由內向外開闊、空透，要有前後左右皆有依靠和周身整體開合之感。

【功用】

抱球開合式可充分調理呼吸，增大肺活量，有效排除體內的濁氣，使呼吸柔、細、深、勻，氣自然收歸於丹田，能讓練習者較快領會鬆胸實腹和周身中正的感覺，體驗神意的遠放與回收，舒爽精神，放鬆身心。兩手臂的外掤開展、裏收內合與腿部的蹬伸、屈蹲動作協調配合，不但可使肩、頸及雙臂肌肉得到鍛鍊和放鬆，增強腰、腿和膝部的彈性力量，長久練習還可端正身形，培養出開中寓合、合中寓開、周身渾圓一氣的飽滿內勁，逐漸形成意到、氣到、力到、內外合一的渾厚氣勢。因此，抱球開合式既是一項良好的拳術身形架勢基礎練習，又是一項重要的太極內功基礎練習。

圖 23

第四式　左右動轉式

預備勢　併步直立

動作同抱球開合式預備勢。（圖 23）

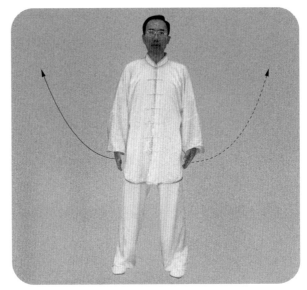

圖 24

起　勢　開步直立→屈膝抱球

動作同抱球開合式起勢、屈膝抱球。（圖 24—圖 26）

圖 25

圖 26

圖 27

1. 右動轉勢

　　右手向下自然滑落至右側小腹前，掌心勞宮穴向上，
軀體右側內臟和肌肉隨之放鬆，將壓力置於腳下。身體以
脊柱為軸向右擰轉，重心移至左腳；同時，右手順勢沿腰
際轉至身後，掌指內旋，虎口貼於命門，左手保持自然前
掤。斂臀，坐胯，尾閭鬆開，沉身下蹲；同時，身體自然
回轉，右手手背經尾椎骨和臀部順勢向下滑落，並沿右腿
外側向身前弧形挑領至與胸平，虎口向上；兩腿隨勢向上
稍稍蹬起，略微起身，回復至屈膝抱球狀。（圖 27—圖
29、圖 28 附圖）

圖 28　　　　　　　　圖 28 附圖

圖 29

圖 30

2. 左動轉勢

　　動作與右動轉勢相同，唯左右相反。（圖30－圖32、
圖31附圖）

　　如此左右交替練習兩次，還原成屈膝抱球狀。

 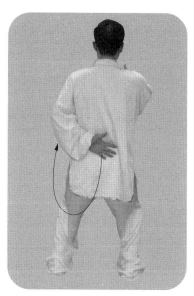

圖 31　　　　　　　圖 31 附圖

圖 32

圖 33 圖 34

3. 抱球收勢

動作與抱球開合式抱球收勢相同。（圖 33—圖 36）

【要領】

當手臂向下自然滑落和手掌虎口向上領起時，身體兩側交替放鬆；先鬆同側內臟，再鬆肩、鬆臂、鬆手，然後再調整腰部、胯部、膝部、踝關節。

練習時，既要保持身體動轉連貫、勁力順暢，又要保持身形端正和腰背部的放鬆。隨著兩手的升降，神意應貫注於相應的左右兩側內臟和身體的放鬆，身體鬆到極鬆還要鬆，以身帶手，以手領身，順勢自然引導肢體動作，使

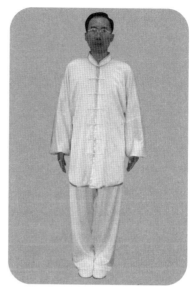

圖 35   圖 36

身形、勁力如行雲流水般地順暢，呼吸和神態保持自然。

【功用】

左右動轉式由交替放鬆身體兩側的內臟及肌肉，可起到舒肝健脾、勁力順暢的效果，讓練習者很好地體會身體內外的虛實變化，尋找到精神和形體放鬆的源頭，做到從上至下依次自然地放鬆身體。

內勁動轉輕靈，神意收放自如，可使腰椎和尾椎得到自然的扭轉和放鬆，有效避免和校正練習拳術時易於出現的凸臀和身體左偏右倚的現象。

 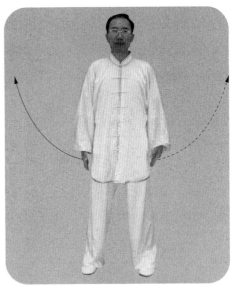

圖 37   圖 38

第五式　全身調理式

預備勢　併步直立

動作同抱球開合式預備勢。（圖 37）

起　勢　開步直立→屈膝抱球

動作同抱球開合式起勢、屈膝抱球。（圖 38—圖 40）

圖 39

圖 40

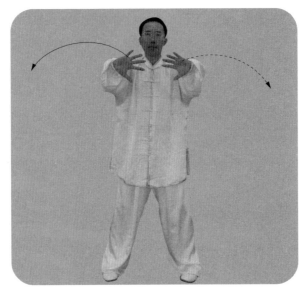

圖 41

伸展式

1. 沉肩，兩腿慢慢向上蹬伸，直立起身，腰背略向後倚；同時，兩臂順勢向前掤出，虎口撐圓，以手腕為軸，兩手向下旋腕，翻掌至手心向前，掌指斜相對。雙手向身體兩側畫弧至與肩平；鬆肩沉身，屈膝下坐，兩臂、兩掌沿體側順勢向下滑落至腰胯兩側，掌心向前。（圖41─圖43）

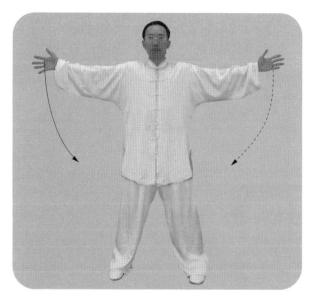

圖 42

圖 43

圖 44

2. 鬆腰、坐胯、沉身，雙手順勢向身前旋腕翻掌至手心向上；兩腿慢慢向上蹬伸、直立起身；同時，兩手稍微回引，經身體兩側弧形上捧，至頭頂上方時，兩臂斜上舉，手心斜相對。（圖 44）

3. 兩手向腦後滑落，自然交疊於肩、頸部，手背相貼；同時，下頜內收，兩腳略內扣，腹部收緊，身體保持自然拉展狀態。（圖 45、圖 45 附圖）

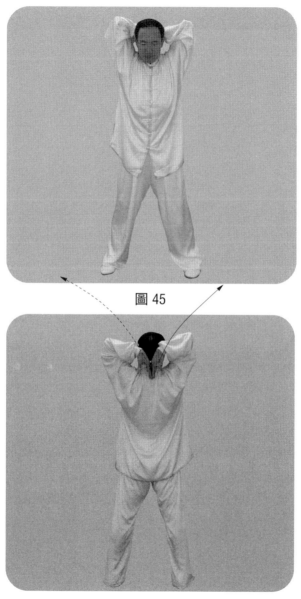

圖 45

圖 45 附圖

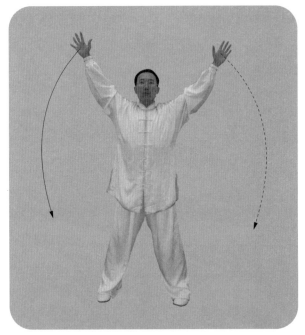

圖 46

　　4. 兩手提拉上舉，至頭頂上方時，手臂自然伸展，略
寬於肩，掌心向前；同時，頭部稍向上仰，目光自然上
視，腹部仍保持收緊，身體呈挺拔舒展狀態。（圖 46）

【要 領】

　　周身上下的動作都應以弧形相銜接，自然流暢，整體
連貫。雙手畫弧時，五指自然舒展張開。要求以內帶外，
以外引內，神意隨手部的運轉而貫注於身體的相應部位，
呼吸自然配合，勁力節節貫串，身體呈挺拔舒展、渾圓飽
滿之勢。

圖 47

捧水澆身式

1. 鬆肩沉身，屈腿下蹲，兩臂經由體側向下滑落至腰、胯兩側。兩手環抱，向胸前弧形領起。順勢旋腕翻掌，小指向上，手心向前，掌指斜相對。雙手狀似划水，向身體兩側畫弧至與肩平。兩掌弧形向下滑落至兩膝外側，順勢向上旋腕翻掌；同時，屈膝下蹲，沉身下坐，兩腳稍向外開，膝肘相對。兩腿慢慢向上蹬伸，身體直立，兩手順勢於體前弧形向上捧至頭頂上方，手臂斜上舉，手心斜相對，動作儘量保持圓活。（圖47—圖52）

圖 48　　　　　　　圖 49

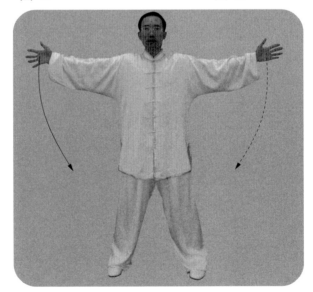

圖 50

圖 51

圖 52

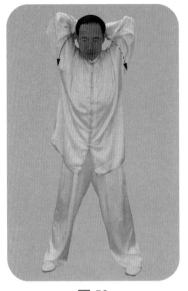

圖 53　　　　　　　　　　　圖 54

　　2. 兩手向腦後弧形滑落，指尖向下，中指和無名指輕
觸肩、頸部。兩肘順勢向兩肋滑落，帶動雙手沿頸背向肩
兩側拉開。鬆胸、鬆腰，屈膝下坐，兩臂向內相靠，指背
相貼，拇指外翹，自然反合於胸前。雙手小指側輕貼胸
口，沿身體中線向下滑落至小腹，然後自然分開，手心向
上。兩手環腰際向身後拉轉，旋指、翻腕至掌心向外、拇
指相對，其餘手指自然交疊，兩手背或合谷穴輕貼於兩腎
腧。鬆肩、鬆手，兩手背輕貼於臀部向下滑落至兩腿外
側；同時，蹲身下坐。直立起身，雙臂借勢反手經胸前弧
形向上旋撐至與肩同高，臂掌撐圓，手心向前，手指斜相
對。（圖 53—圖 59）

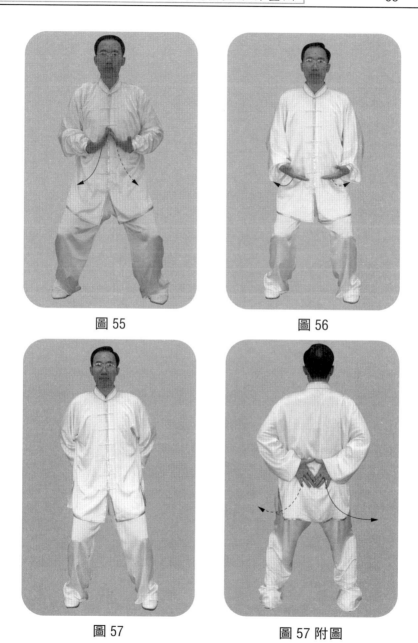

圖 55

圖 56

圖 57

圖 57 附圖

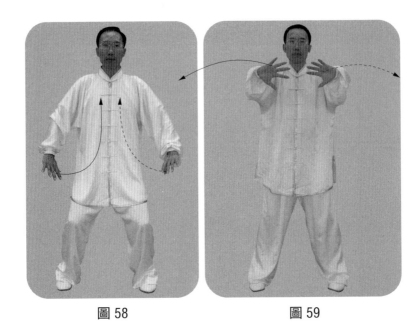

圖 58 　　　　　　　　圖 59

【要 領】

做捧水澆身式時，要想像兩手先向上捧水，然後由上
而下兜頭一澆，身體疲勞感隨之被沖走。練習時應儘量保
持動作的流暢連貫，全身順勢放鬆，身體的緊張和精神的
壓力經由動作的引領傾瀉而出，交與大地，調整身心並使
之逐漸進入到清爽鬆快的最佳狀態。

圖 60

大伸展式

1. 雙手向上、向兩側分掌畫弧至與肩平；兩腿屈膝下蹲、沉身；同時，兩腳微微調整，稍向外開，膝蓋與腳尖相對。兩掌繼續向下畫弧，待畫至胯旁時順勢向上翻掌，手心向上。直立起身，雙手向體側遠伸並向頭上捧起，兩臂斜上舉，手心斜相對，頭部稍向上仰，目光自然上視。下頜內收，腹部微收，兩腳內扣，兩手向頭後交疊於肩、頸部，手背相貼，手指向下延伸，兩肘上提，脊柱和身體充分拉展。（圖 60—圖 63）

圖 61

圖 62

圖 63

圖 64   圖 65

2. 兩手向頭頂上方提拉，然後自然旋臂成掌心向前，雙臂略寬於肩並向上儘量延伸，全身充分挺拔舒展。下頜內收，腹部微收，兩腳內扣，兩手向頭後交疊於頸、肩部，手背相貼。雙手中指和無名指輕觸兩肩，沿肩向兩側拉開，肘關節順勢沿體側向下滑落，貼於兩肋，成立腰開胸。鬆胸、鬆腰，屈膝下坐，兩手向內相靠於胸前，小指側輕貼胸口，指背相貼，拇指外翹，呈反合十狀。（圖64—圖67）

圖 66　　　　　　　　圖 67

　　3. 沉身，兩手向下滑落至腹前時向外分開；兩腿慢慢
向上蹬伸，直立起身；兩手順勢向身體兩側弧形拉展，掌
心向前，拇指向上挑領至與肩平。（圖 68、圖 69）

圖 68

圖 69

圖 70

4. 屈膝沉身，雙手順勢向胸前合抱，還原成屈膝抱球狀。（圖 70）

5. 抱球收勢

動作與抱球開合式抱球收勢相同。（圖 71—圖 74）

圖 71

圖 72

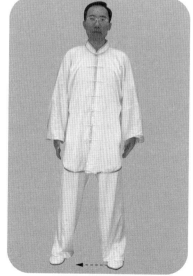

圖 73

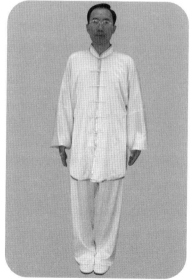

圖 74

【要領】

做大伸展式時，神意應隨動作的開合而收放。雙手上舉時，兩臂儘量向上拉伸，借上提、下墜之勢使周身關節充分舒展拔長。在呼吸舒適的前提下，全身始終保持自然舒展和渾厚挺拔，有如「貓伸懶腰之伸展、動物曬毛之愜意」。

【功用】

全身調理式可充分調理全身，使呼吸、神意和身體協調配合，由呼吸和動作的調整將濁意、濁氣、濁力釋放於體外，使體內氣血活躍、精神振作，亦可使脊椎拔長、肩頸放鬆，勁力達於梢節，全身挺拔舒展。

由鬆和緊、束和展的訓練，獲得拳術練習所要求的神意與勁力的和諧流暢，讓身體得到較好的放鬆與拉展，消除長期伏案工作造成的緊張和壓力，並對因錯誤姿勢而導致的駝背有顯著的矯正效果。

圖 75

第六式 手捧蓮花式

預備勢 併步直立

動作同抱球開合式預備勢。（圖 75）

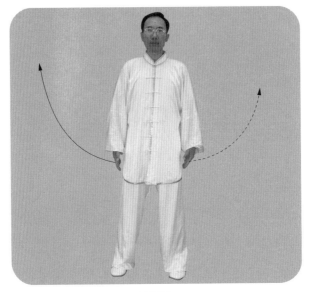

圖 76

起　勢　開步直立→屈膝抱球

動作同抱球開合式起勢、屈膝抱球。（圖 76—圖 78）

圖 77

圖 78

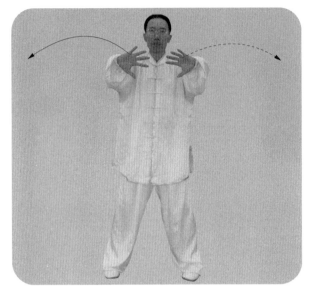

圖 79

1. 前捧蓮花

沉肩，兩腿向上蹬伸直立，前臂順勢向下，雙手虎口
撐圓，以手腕為軸，由下至上旋腕翻掌至小指向上、掌心
朝前、掌指斜相對。雙手向身體兩側自然畫弧，至與肩平
時，雙腿順勢下蹲。同時，沉肘鬆胯，雙手自然向下滑
落，經由腰部向身前弧形上捧，與肩同高，小指側相貼，
掌心向上，五指張開呈手捧蓮花狀。（圖 79—圖 81）

圖 80

圖 81

 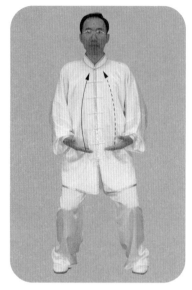

圖 82　　　　　　　　　　　圖 83

2. 左捧蓮花

雙手向胸前回帶，掌背自然相貼，靠近胸口膻中穴時沿身體中線向下、向前、再弧形向上反旋，反掌撐於胸前，掌心勞宮穴向外。身體左轉 90°，右腳腳尖內扣，順勢向後撤步；兩手動作保持不變。沉身坐胯，重心後移，左腳跟隨之外旋，前腳掌內側點地成左虛步；同時，以身帶手，兩臂外撐，兩手向體側弧形拉開至與肩同高。右腳向後蹬，左腳順勢大步前邁，重心移至左腿，右腳隨之跟進半步，腳掌內側著地，腳尖自然外擺；同時，沉肘鬆胯，雙手自然向下滑落，經由腰部向身前弧形上捧至與肩同高，小指側相貼，掌心向上，掌指張開呈手捧蓮花狀。（圖 82　圖 87）

圖 84

圖 85

圖 86

圖 87

圖 88

3. 右捧蓮花

　　兩掌略向前伸，右腳後撤半步。身體後坐，重心隨之後移；兩手手背相貼，反向內旋並向胸前回收；左腳腳尖翹起，同時，左腳回收，腳尖點地成左虛步。兩手內旋前伸，反掌撐於胸前；同時，左腳向前探出，腳尖翹起，身體重心不變。以身體為軸，左腳向內旋扣，身體右轉 90°；以身帶手，兩臂向外撐展。身體繼續右轉 90°，重心移至左腳，成右虛步；同時，兩手隨身體的轉動向身體兩側弧形拉開。左腳後蹬，右腳向前邁一大步，重心移至右腿，左腳隨之跟進半步，腳掌內側著地，腳尖自然外擺；雙手順勢在身前畫弧，合掌前捧至與肩同高，呈手捧蓮花狀。（圖 88—圖 94）

圖 89

圖 90

圖 91

圖 92

圖 93

圖 94

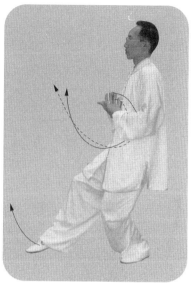

圖 95   圖 96

4. 前捧蓮花

　　兩掌略向前伸，左腳後撤半步。身體重心後移，右腳回收，腳尖點地成右虛步；兩手收回至胸前，手背相貼。右腳向前探出，腳尖翹起，重心落於左腿；兩手內旋再向前反掌撐出。右腳尖內扣，身體左轉，重心右移；兩手向體側撐展拉開。調整重心，左腳收至與肩同寬，同時，雙腿屈蹲下坐；兩手借勢向下、向內、向上畫圓向胸前弧形合掌上捧，呈手捧蓮花狀。（圖 95—圖 100）

圖 97

圖 98

圖 99

圖 100

圖 101

5. 屈膝抱球

　　雙手內旋回收至胸口，指背相貼，沿身體順勢向下滑
落至腹部。直立起身；兩臂順勢向外分開，拇指向上，手
心向前，經由身體兩側弧形向上挑領至與肩平。雙腿屈
蹲，沉身下坐；雙手自然向胸前環抱成屈膝抱球。（圖
101－圖 103）

圖 102

圖 103

圖 104   圖 105

6. 抱球收勢

動作與抱球開合式抱球收勢相同。（圖 104─圖 107）

【要領】

做手捧蓮花動作時，前臂、手指、手腕和肘關節的旋轉要自然聯動。雙手向胸前遠伸，兩臂微屈，掌指舒展張開，腰腹收緊，腰背後倚，身形保持端正、對拔拉長。手臂動作應與身體的動轉和步法的進退相呼應，步型穩定，並保持動作定式時前膝不超過腳尖。精神內守，凝神於掌指，目光自然遠視或回收，神意貫注手指的轉動和內臟的變化，臟腑放鬆，鬆胸順氣，全身上下和諧。

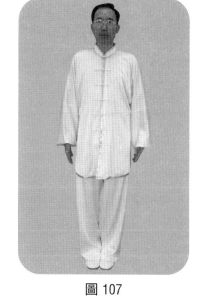

圖 106　　　　　　　　　　圖 107

【功用】

　　手捧蓮花式能使練習者很好地體會身形及動作的弧形轉化，把神意收聚於身內，可使全身得到充分的休息，體現出九式太極操有一鬆必有一緊、有一開必有一合、有一收必有一放的特點，並可有效地練習手指、手腕、前臂和肘關節的自然聯動，使身體進退自如，步法靈活，周身動作圓活順暢。

圖 108

第七式　螺旋纏繞式

預備勢　併步直立

動作同抱球開合式預備勢。（圖 108）

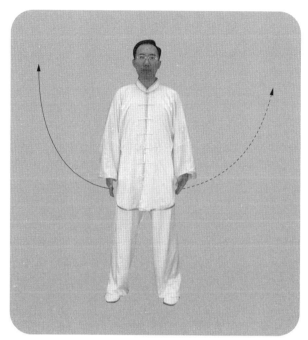

圖 109

起　勢　開步直立→屈膝抱球

動作同抱球開合式起勢、屈膝抱球。（圖 109─圖 111）

圖 110

圖 111

圖 112

右螺旋纏繞式

1. 右螺旋纏繞反穿掌

身體右轉 90°，重心左移；左手不動，右掌掌心向上，順勢向腹前回帶；左腳隨轉體腳尖內扣，右腳腳尖點地成右虛步。沉身坐胯，右腳大步前探，腳尖翹起，右膝前挺；同時，右手經身體右側反掌向身前畫弧，左手順勢附於右肘內側。左腿向前蹬直，身體重心前移，成右弓步；右手向前反穿至手臂伸直，與肩同高，掌心斜向上。（圖 112—圖 114）

圖 113

圖 114

圖 115

2. 旋臂坐身雲掌

屈左膝，重心後移至左腿，沉身坐胯，右腳尖翹起；右手掌心向上、逆時針方向向額前旋臂畫弧做雲掌動作。（圖 115）

圖 116

3. 右弓步片旋掌

左腳向前蹬送，重心前移成右弓步；同時，右手手心向上，以肘為軸繼續向前畫弧，旋至手臂伸直，左手仍附於右肘內側。（圖 116）

4. 轉身抹掌抱球

重心後移，身體後坐，然後扣右腳向左轉身；以身帶手，兩掌交叉，左手在上，右手在下，向身體兩側平抹拉開，手心斜相對；重心移至右腿，身體繼續左轉，以身領手向身體兩側畫弧至兩臂環抱，順勢收左腳成左虛步抱球。（圖 117、圖 118）

圖 117

圖 118

圖 119

5. 左弓步揮臂旋按

左腳向前邁一步，重心前移成左弓步；同時，左臂向身前弧形揮出至與肩同高，掌心向上，右手順勢附於左肘內側。重心後移至右腿，左腳腳尖翹起；身體隨之左轉，以身帶手，左臂向身體左側弧形回領；同時沉身坐胯，左臂順勢做沉肘、旋掌、坐腕動作。重心前移，成左弓步；左手立掌向前推出。（圖 119—圖 121）

圖 120

圖 121

圖 122

6. 左右側弓步掤手

右掤：沉身坐胯，身體借勢右轉，重心右移成右側弓步，同時，右腳腳尖翹起，以右腳跟為軸向外旋擺，左腳尖內扣；以身帶手、以手領身，右臂經由小腹向身體右側弧形上掤至與肩平，左手虎口向上，拇指上挑，左掌外撐，掌心斜向外。（圖 122）

左掤：左手向上旋臂，經面部向右、向下畫弧，經由小腹向左上回掤，挑領至與肩平，右臂不動；同時，左腳尖內扣，身體重心左移，成左側弓步。（圖 123、圖 124）

圖 123

圖 124

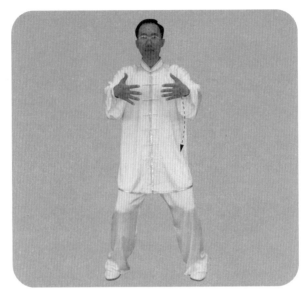

圖 125

7. 屈膝抱球

身體略向後倚，以兩手梢節帶動兩臂向身後拉展；同時，借兩臂向前回彈之力，雙手向胸前合抱；借勢將右腿輕輕收回半步，兩腳與肩同寬，成屈膝抱球。（圖 125）

左螺旋纏繞式

左螺旋纏繞式與右螺旋纏繞式動作相同，唯左右、方向相反。（圖 126—圖 139）

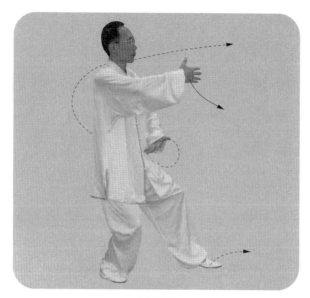

圖 126

圖 127

圖 128

圖 129

圖 130

圖 131

圖 132

圖 133

圖 134

圖 135

圖 136

圖 137

圖 138

圖 139

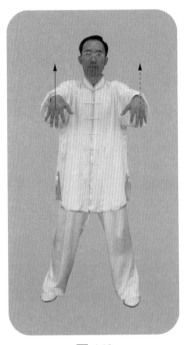

圖 140   圖 141

抱球收勢與抱球開合式抱球收勢動作相同。（圖
140—圖 143）

【要領】

所有動作應連貫自如，中間不能出現停滯和斷續，注
意體會及運用身體的沉身坐胯之勢和以軀幹動轉帶動手臂
和腰腿擰轉的借勢用力。周身動作圓活自如，鬆靜開展，
呼吸及勁力保持順暢自然。

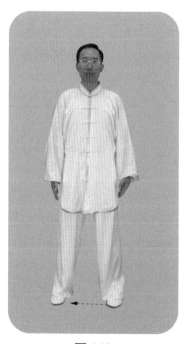
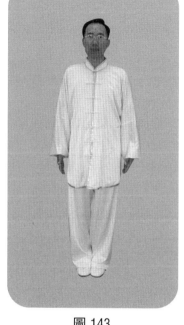

圖 142　　　　　　　　圖 143

【功用】

　　螺旋纏繞式為傳統拳術身法、步法、手法和勁法的練習，充分體現了肢體的螺旋纏繞與身體的盤旋擰轉，能使人周身協調、動轉自如，並能使下盤靈活穩固，提高意、氣、勁、形有序化配合的技能，培養「一揚手顧及四面，一動腳照料八方」的能力。

圖 144

第八式　安神養元式

預備勢　併步直立

動作同抱球開合式預備勢。（圖 144）

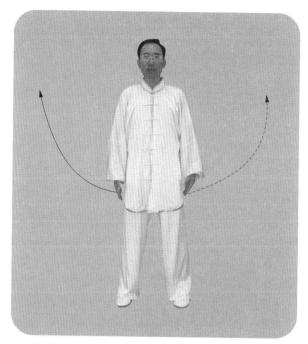

圖 145

起　勢　開步直立→屈膝抱球

動作同抱球開合式起勢、屈膝抱球。（圖 145—圖 147）

圖 146

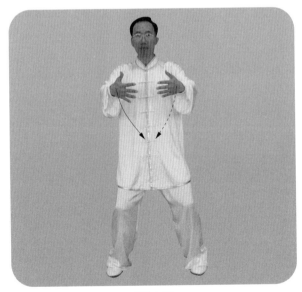

圖 147

圖 148

1. 腹前合按

　　兩掌向內、向下旋按收至腹前，掌心向下，手指相對，凝神聚氣，意存丹田。（圖 148）

圖 149

2. 屈膝背手

　　腰、背略向後倚，兩手向前、向外畫弧，借勢直立起身。兩手繼續環腰際向身後畫弧，手背輕貼尾閭或命門處，手指自然交疊；同時，斂臀屈膝下坐。（圖 149、圖150、圖 150 附圖）

圖 150

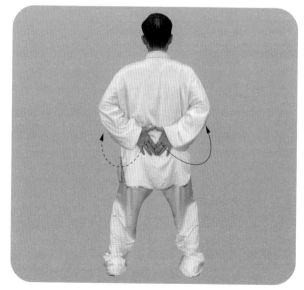

圖 150 附圖

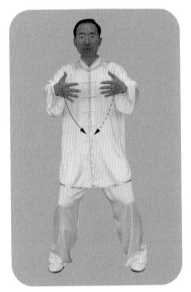 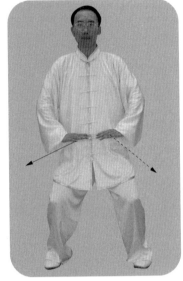

圖 151　　　　　　　　圖 152

3. 腹前回按

略微沉身，尾閭鬆開，身體向上直立，肩頸部和背部放鬆；兩手向下自然滑落至體側，並經身體兩側向上挑領至與肩平，手心向前，雙手向內自然合抱。借鬆腰坐胯之勢，雙手回按於腹前，鬆肩鬆手，沉身聚氣，雙腳腳趾自然抓地，神凝於丹田。（圖 151、圖 152）

4. 收　勢

兩掌向腹前和身體兩側弧形推按下壓；借勢蹬地起身成開步直立，左腳向右腳併攏還原至併步直立。（圖 153、圖 154）

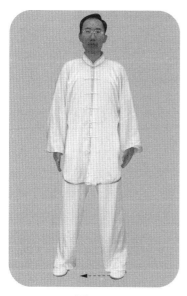
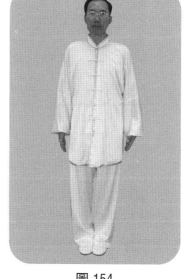

圖 153　　　　　　　　　圖 154

【要領】

平心靜氣，神意回收，安神養元，兩肩、兩臂、兩手放鬆，呼吸要保持深、長、細、勻，全身自然放鬆，意守丹田。

【功用】

練習安神養元式可促使丹田內氣的運轉，有助於腰部的放鬆和呼吸的深長。由於腰腹相連，丹田內氣可隨著呼吸的加深和人體的放鬆入靜周轉全身，幫助身體恢復元氣，安神靜心。

圖 155

第九式　鬆心減負式

預備式　併步直立

動作同抱球開合式預備勢。（圖 155）

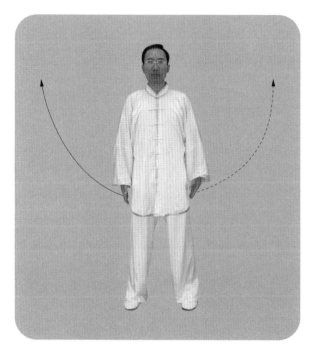

圖 156

起　勢　開步直立→屈膝抱球

動作同抱球開合式起勢、屈膝抱球。（圖 156－圖 158）

圖 157

圖 158

圖 159

1. 掤臂按掌、直立起身

雙手旋腕前掤至與肩平，沉肘坐腕，並向胯旁沉身下
按，並借勢直立起身。（圖 159—圖 161）

圖 160

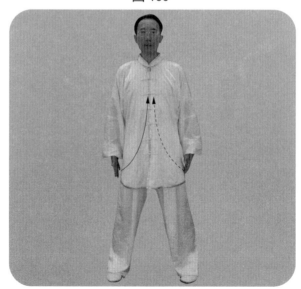

圖 161

圖 162

2. 反手撣掌、鬆心減負

兩手臂先向內旋至手背相貼，手指向下，手心向外，再提臂起肩，挺胸吸氣，虎口及拇指沿身體中線由下向上提拉，至接近胸部時雙手向外旋腕翻掌至手指向上，手背相貼。隨後，兩手迅速沿胸肋向下滑落撣手，似撣灰塵狀；內臟及全身肌肉徹底放鬆，同時，將氣吐出，全身有如釋重負之感。（圖 162－圖 164）

圖 163

圖 164

圖 165

　　兩臂向身體兩側拉開，並順勢屈膝抱球。身體直立，兩手內旋，兩臂向前掤起至與肩平，沉肘坐腕，兩臂順勢自然滑落於身體兩側；保持身體中正挺拔，神意放鬆。雙手手背相貼再次由下向上提拉揮掌，沉身，兩臂外開，順勢回收合按於腹前。（圖 165－圖 172）

圖 166

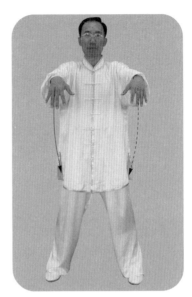

圖 167

圖 168

圖 169

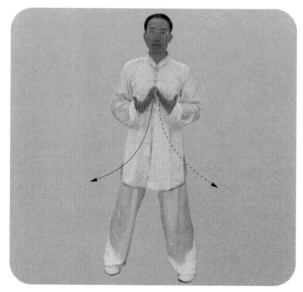

圖 170

圖 171

圖 172

圖 173

3. 收　勢

隨身體直立，兩掌貼身由內向外、由上至下在小腹兩側畫圓並垂於胯側，還原成併步直立。（圖 173、圖 174）

圖 174

【要領】

充分吸氣，充分呼氣，內臟和肌肉完全放鬆，神意徹底舒展，完全將身體的緊張和壓力交與大地。最後收勢之時，應透過調整呼吸使身體達到鬆靜自然的狀態，保持神凝於內、身心靜定。

【功用】

練習鬆心減負式可使肩部、頸部、胸部和全身肌肉放鬆，將身體多餘的緊張和壓力由上至下宣洩於大地，感覺全身輕鬆、心情愉快、精神舒爽並有如釋重負之感。

附錄　國家體育總局關於在全國徵集武術健身方法的通知

體武字〔2002〕256 號

各省、自治區、直轄市、計畫單列市體育局：

為進一步貫徹落實《全民健身計畫綱要》，充分發揮武術這一民族傳統文化瑰寶在全民健身活動中的作用，深入挖掘整理散落在民間的各種優秀武術健身方法，決定自 2002 年 10 月至 2003 年 6 月在全國徵集武術健身方法。現將《關於在全國徵集武術健身方法實施方案》印發給你們。請你們充分認識開展這項活動的意義，切實加強領導，認真依照《實施方案》組織實施，並請及時將組織實施中遇到的問題和進展情況回饋給國家體育總局武術運動管理中心。

聯繫電話：010-64912159
聯繫地址：北京市朝陽區安定路 3 號武術運動管理中心
郵　　編：100101

二〇〇二年九月二十三日

附件　關於在全國徵集武術健身方法實施方案

一、目的、意義

　　為進一步貫徹落實《全民健身計畫綱要》，充分發揮武術這一民族傳統文化瑰寶在全民健身活動中的作用，深入挖掘整理散落在民間的各種優秀武術健身方法，加大推廣武術健身活動的力度，同時遏制邪教「法輪功」，決定在全國徵集武術健身方法。

二、組織機構

　　此次徵集活動將成立由有關專家和行政工作人員組成的「全國徵集武術健身方法評審委員會」，由國家體育總局武術運動管理中心負責組織實施。

三、徵集時間

　　從 2002 年 10 月 26 日起至 2003 年 6 月 26 日截止（以郵戳為準）。

四、徵集原則

　　應徵的武術健身方法，必須具備：

(一)**科學性**：安全可靠，無損健康，符合人體生理特點和規律。

(二)**健身性**：增強體質、增進身心健康。

(三)**群眾性**：簡便易行，為群眾所喜愛，易於普及推廣。同時，其鍛鍊方法與表現形式應具有一定的觀賞性。

五、徵集範圍

在全國範圍內廣泛徵集，其內容包括各民族傳統的或現代創編的武術健身方法。

六、徵集方法

（一）發揮各級體育行政部門及武術協會和相關單位的作用，有組織地廣泛徵集。

（二）發揮各類新聞媒體的作用，面向社會，面向群眾，廣泛徵集。

七、報送方式

可由習武者個人或武術館、校、研究會等填表後逐級上報，最後由各省、自治區、直轄市、計畫單列市體育行政部門或武術管理部門統一推薦報送。

八、推薦申報材料

凡未被徵用的材料均不予退還。

九、評審、編輯、出版工作

在匯總申報材料的基礎上，組織考察、調研、評審。

十、獎　勵

（一）凡入選者均頒發榮譽證書。

（二）凡參與者均發紀念證書。

十一、有關要求

（一）各級體育行政部門要充分認識開展這項活動的重要意義，切實加強領導，採取有效措施，做好宣傳、發動、組織徵集等工作。努力爭取新聞媒體包括報刊、電視、廣播、網路等的大力支持，以吸引廣大群眾的廣泛參與。

（二）凡上報材料，務請嚴格把關，防止把優者漏掉，同時堅持優選，寧缺毋濫。對參選材料，務必簽署意見，並加蓋體育行政部門公章。

（三）大力宣導深入群眾、調查研究、實事求是、紮實細緻的工作作風和解剖麻雀、以點帶面的工作方法，以確保此項活動高效、順利、圓滿、成功。

快樂健美站

柔力健身球

定價280元

2 自行車健康享瘦

自行車健康享瘦

定價280元

3 跑步鍛鍊走路減肥

定價280元

4 創造健康的肌力訓練

創造健康的肌力訓練

定價220元

5 舒適超級伸展體操

舒適超級伸展體操

定價280元

6 水中有氧運動

水中有氧運動

定價280元

完美身材

定價280元

8 創造超級兒童

創造超級兒童

定價280元

9 使頭腦變聰明

頭腦聰明

定價280元

10 防止老化的身體改造訓練

防止老化的身體改造訓練

定價280元

11 三個月塑身計畫

3個月塑身計畫

定價280元

12 懶人族瑜伽

懶人族瑜伽

定價280元

瑜伽

定價240元

14 忙裡偷閒練瑜伽祛病養生篇

瑜伽

定價240元

15 健身跑激發身體的潛能

健身跑

定價200元

16 中華鐵球健身操

中華鐵球健身操

定價180元

17 彼拉提斯健身寶典

彼拉提斯健身寶典

定價280元

18 全身保健操＋VCD

全身保健操＋VCD

定價280元

瑜伽美姿美容

定價180元

20 豐胸做自信女人

豐胸做自信女人

定價200元

21 輕鬆瑜伽治百病

輕鬆瑜伽治百病

定價280元

22 瑜伽秀體小品

瑜伽秀體小品．Yoga

定價280元

23 熱舞瘦身小品

熱舞瘦身小品 Getting Slim

定價280元

24 整形打造美麗

整形打造美麗 Beauty

定價250元

排毒瘦體33式熱瑜伽

定價350元

26 太極操＋DVD

太極操

定價350元

常見病藥膳調養叢書

1 脂肪肝四季飲食 **痛風** 四季飲食 定價200元

2 高血壓四季飲食 **高血壓** 四季飲食 定價200元

3 慢性腎炎四季飲食 **慢性腎炎** 四季飲食 定價200元

4 高脂血症四季飲食 **高脂血症** 四季飲食 定價200元

5 慢性胃炎四季飲食 **慢性胃炎** 四季飲食 定價200元

6 糖尿病四季飲食 **糖尿病** 四季飲食 定價200元

7 癌症四季飲食 **癌症** 四季飲食 定價200元

8 痛風四季飲食 **痛風** 四季飲食 定價200元

9 肝炎四季飲食 **肝炎** 四季飲食 定價200元

10 肥胖症四季飲食 **肥胖症** 四季飲食 定價200元

11 膽囊炎、膽石症四季飲食 **膽囊炎、膽石症** 四季飲食 定價200元

傳統民俗療法

1 神奇刀療法 **神奇刀療法** 定價200元

2 神奇拍打療法 **神奇拍打療法** 定價200元

3 神奇拔罐療法 **神奇拔罐療法** 定價200元

4 神奇艾灸療法 **神奇艾灸療法** 定價200元

5 神奇貼敷療法 **神奇貼敷療法** 定價200元

6 神奇薰洗療法 **神奇薰洗療法** 定價200元

7 神奇耳穴療法 **神奇耳穴療法** 定價200元

8 神奇指針療法 **神奇指針療法** 定價200元

9 神奇藥酒療法 **神奇藥酒療法** 定價200元

10 神奇藥茶療法 **神奇藥茶療法** 定價200元

11 神奇推拿療法 **神奇推拿療法** 定價200元

12 神奇止痛療法 **神奇止痛療法** 定價200元

13 神奇天然藥食物療法 **天然藥食物療法** 定價200元

14 神奇新穴療法 **神奇新穴療法** 定價200元

15 神奇小針刀療法 **小針刀療法** 定價200元

16 神奇刮痧療法 **神奇刮痧療法** 定價200元

17 神奇氣功療法 **神奇氣功療法** 定價200元

品冠文化出版社

休閒保健叢書

1 瘦身保健按摩術
定價200元

2 顏面美容保健按摩術
定價200元

3 足部保健按摩術
定價200元

4 養生保健按摩術
定價280元

5 頭部穴道保健術
定價180元

6 健身醫療運動處方
定價230元

7 實用美容美體點穴術
定價350元

8 中外保健按摩技法全集+VCD
定價550元

9 中醫三補養生‧神補食補藥補
定價300元

10 運動創傷康復診療
定價550元

11 養生抗衰老指南
定價350元

12 創傷骨折救護與康復
定價220元

13 百病全息按摩療法+VCD
定價500元

14 拔罐排毒一身輕+VCD
定價330元

15 圖解針灸美容+VCD
定價350元

16 圖解針灸減肥
定價350元

圍棋輕鬆學

1 圍棋六日通
定價160元

7 中國名手名局賞析
定價300元

8 日韓名手名局賞析
定價330元

9 圍棋石室藏機
定價250元

10 圍棋不傳之道
定價250元

11 圍棋出藍秘譜
定價250元

12 圍棋戰山震虎
定價280元

13 圍棋送佛歸殿
定價280元

14 無師自通學圍棋
定價280元

15 圍棋手筋入門必做題
定價250元

象棋輕鬆學

1 象棋開局精要
定價280元

2 象棋中局薈萃
定價280元

3 象棋殘局精粹
定價280元

4 象棋精巧短局
定價280元

太極武術教學光碟

太極功夫扇
五十二式太極扇
演示：李德印 等
(2VCD)中國

夕陽美太極功夫扇
五十六式太極扇
演示：李德印 等
(2VCD)中國

陳氏太極拳及其技擊法
演示：馬虹(10VCD)中國
陳氏太極拳勁道釋秘
拆拳講勁
演示：馬虹(8DVD)中國
推手技巧及功力訓練
演示：馬虹(4VCD)中國

陳氏太極拳新架一路
演示：陳正雷(1DVD)中國
陳氏太極拳新架二路
演示：陳正雷(1DVD)中國
陳氏太極拳老架一路
演示：陳正雷(1DVD)中國
陳氏太極拳老架二路
演示：陳正雷(1DVD)中國
陳氏太極推手
演示：陳正雷(1DVD)中國
陳氏太極單刀‧雙刀
演示：陳正雷(1DVD)中國

楊氏太極拳
演示：楊振鐸
(6VCD)中國

本公司還有其他武術光碟
歡迎來電詢問或至網站查詢
電話：02-28236031
網址：www.dah-jaan.com.tw

原版教學光碟

歡迎至本公司購買書籍

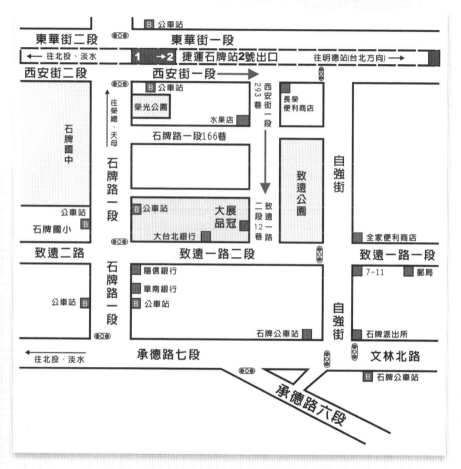

建議路線

1. 搭乘捷運‧公車

　　淡水線石牌站下車，由石牌捷運站２號出口出站(出站後靠右邊)，沿著捷運高架往台北方向走(往明德站方向)，其街名為西安街，約走100公尺(勿超過紅綠燈)，由西安街一段293巷進來(巷口有一公車站牌，站名為自強街口)，本公司位於致遠公園對面。搭公車者請於石牌站(石牌派出所)下車，走進自強街，遇致遠路口左轉，右手邊第一條巷子即為本社位置。

2. 自行開車或騎車

　　由承德路接石牌路，看到陽信銀行右轉，此條即為致遠一路二段，在遇到自強街(紅綠燈)前的巷子(致遠公園)左轉，即可看到本公司招牌。

大展好書　好書大展
品嘗好書　冠群可期

大展好書　好書大展
品嘗好書　冠群可期